La Lucidez del Contaminado

Juan Carlos Céspedes Acosta

Colección
Sembremos Arte

La Lucidez del Contaminado

Juan Carlos Céspedes Acosta

La Lucidez del contaminado
©Juan Carlos Céspedes Acosta
©Colección Sembremos Arte
ISBN: 978-958-49-1447-7
Juan Carlos Céspedes Acosta
siddarthapoeta@gmail.com

Diseño y edición: Ediciones Grainart
Compilación y diagramación:
Mónica Patricia Ossa Grain
Diseño de Carátula:
Helen Vanessa González Ossa

Obra portada: Fabian Paz
Título: Arquetipo II
Grabado
Cadavre Exquis
Instagram fabianpazart
galeriadeartepaz.com.co

Ediciones Grainart
edicionesgrainart@gmail.com
edicionesgrainart@hotmail.com
Contacto: 3148685940

Impreso y hecho en Colombia.
Printed and made in Colombia

Santiago de Cali – Valle del Cauca
Julio de 2021

Para
Mónica Patricia Ossa Grain
guardiana insobornable de este libro

Bienvenida a versos con fragancia de mar

Desde Cartagena del Caribe, emblema continental y orgullo patrio, llega a mis manos por bondad de su autor, Juan Carlos Céspedes Acosta, su verso cristalino reflejado en *La lucidez del contaminado*. Ha querido, el leal y fraterno amigo, que sus palabras se eleven sobre los Andes y pernocten en mi espíritu para que este humilde gorrión refugiado en amables neblinas, escriba un comentario sobre lo que me dictan sus profundas reflexiones expresadas en lenguaje poético, emanadas de una pluma equilibrada y de vivencias que son al tiempo entrega y devoción.

He tenido la fortuna de conocer algunas publicaciones anteriores de este juglar íntegro y siempre disfruto, como sus demás lectores, de la transparencia de sus palabras. Reflejan ellas una de las condiciones fundamentales que constituye la esencia del buen creador: el poeta que comparte su cosmovisión pero que es incapaz de mentirse a sí mismo y a la sociedad que le reconoce como vocero de su alma.

Ahora al explorar estos nuevos caminos, desde el título del poemario me atrae acercarme a las variaciones y propuestas estéticas que se encuentran en su contenido. Lo primero que se me ocurre al abordar *La lucidez del contaminado* desde su estricta etimología, es tener presente que la humanidad experimenta como nunca un estado de insensatez que permea al lenguaje y transforma su esencia en una vertiginosa carrera por desentrañar diferentes formas de interpretación producida por el auge e imposición de tecnologías deshumanizantes y confusas. De otra parte, nos enfrentamos al más alto nivel de contaminación alcanzado en el planeta en los diversos campos de lo cotidiano, presagiando hecatombes que lentamente se van dando poniendo en riesgo incluso la supervivencia de la especie humana. Atribuyo a esos factores tácitos el inicio del poemario cuando en la cabina 12 un hombre se inmola atendiendo *un zumbido de abeja que le declara el vacío de existir* cortando abruptamente el oxígeno vital que irónicamente termina por asfixiarlo

Las páginas avanzan nutriéndose de memorias individuales que forman un conjunto de impredecibles connotaciones formando el hilo conductor de la tragedia humana revindicada en los verdes supremos de la esperanza cuando el poeta canta «Hoy soy hoja verde/mezcla de viento y día/ lluvia y relámpago»...

Cuando la adversidad es asumida por el lenguaje como una manera de expiación, la poesía oficia como mecanismo de defensa ante el entorno que denigra y oprime. Rainer María Rilke lo declara al sentenciar a manera de ejercicio: «Convierte tu muro en un peldaño»... Entonces Céspedes Acosta parte con acierto desde el rompimiento mismo de los muros para obtener una cosmovisión en que los sentimientos se convierten en la materia prima del eslabón interno de los personajes que nos comparten universos y los asumen como nuestros.

El crítico catalán José María Castellet señala muy claramente en el título de uno de sus libros de ensayos, lo que caracteriza a la literatura contemporánea: se vive *La hora del lector*. La *lucidez* que en este poemario se esgrime, exige del lector un deslinde de los elementos que el autor maneja con el objeto de descubrir los principios en que este se apoya para sostener su creación, que no es otra cosa que la entraña de los vericuetos que el hombre moderno enfrenta en pleno siglo XXI. Por eso la importancia de un mensaje claro y contundente como el que palabra a palabra incorpora al explorador de páginas, al ferviente descubridor de acertijos, al inquieto partícipe de la aventura escritural. Autor y lector dimensionan ópticas diversas que confluyen en un orden estético plausible y enriquecedor.

Encuentro en el ejercicio escritural de Céspedes Acosta a un consagrado lector cultivador de la espiritualidad personal y social en el que se encuentra la sabiduría suficiente para brindarnos, a través de los vocablos, fluidas imágenes que se acercan al lenguaje cinematográfico, pues al estilo de postales o sutiles fotografías que se van formando al leer en el imaginario, se perciben diferentes maneras de enaltecer el arte sin encasillarlo en refundidos esquemas sintácticos, sino otorgando a cada uno de los poemas la virtud de ser al tiempo retrato, relato y ensoñación. Uno de esos cuadros se percibe en el texto *Tu memoria en los espejos:*

Te veo, padre / inerme a mi caricia / frías las manos / olvidada la frente / hijo de lágrima/ palabra última en tus labios/ Velo de agua/ brutal de un solo golpe / armadura blanca de enfermería/ en mis dedos de garfio/ defendiendo/ tu imagen desprendida.

Cuando me encuentro con estas características en una obra no puedo dejar de evocar a Gastón Bachelard y a las manifestaciones que sobre el género ofrece en «La poética del espacio» al sugerir paso a paso la interacción de todos los elementos que nos rodean y que a fuerza de ver ignoramos, a pesar de contar con la suficiente fuerza emotiva para constituirse en razón inspiradora y artística.

La lucidez del contaminado no es un libro más. Se trata de un tratado de intimidad que surge de los seres que somos o podemos ser como lo predice en el poema *Braun* al conducirlo con la pluma al lugar común en donde *un asesino es solo un hombre más...*

Para finalizar, quiero celebrar la nueva incursión de este gestor y oficiante del verso, hombre fraterno y leal que se ocupa primordialmente por dar relevancia al trabajo de los otros, pero que por momentos se ocupa de sí mismo. En el panorama colombiano existe poesía contaminada y poco lúcida que irá ocupando en el colectivo popular el puesto que le corresponde.

Autores como Céspedes Acosta demostrarán que pueden producirse obras que dejaran honda y profunda huella. Un público lector afortunado, tendrá en sus manos esta muestra poética que bien vale la pena guardar en las retinas de la imaginación.

Fernando Cely Herrán
Bogotá D.C. 24 de febrero de 2020

Cabina 12

Toma el auricular y marca al azar
un zumbido de abeja le declara el vacío de existir
Cuelga y cierra los ojos
piensa en un nombre, un apellido, una clave…
Espera algunos segundos
        quizás el aparato suene para él

Digita otro número
Ahora no sabe qué hablar a la mujer del otro lado
después escucha el tirar violento del teléfono

La fila crece
        oye protestas que le exigen salir
Se desatiende y vuelve a marcar
        esta vez sabe a dónde llama
Solo atina a decir: vengan a la cabina 12
                un tipo se ha disparado.

Estepariana

Da miedo tocarnos
        algo de nosotros asusta

y nos pegamos a las paredes
        como sombras

eludiendo el contacto del otro
ese que de alguna manera
            también somos.

Ciudadano

Conozco la voz apagada
     /que recorre las calles de mi ciudad
las manos rotas del rezo de los vencidos
los pies desgastados por las escaleras
     /que solo conducen hacia abajo

Conozco bien al niño muerto
     /enterrado con voces de protesta
los pájaros calcinados por el fuego
     el fogón vacío pudriendo la casa

Yo me conozco machacado
como la uva escupiendo mosto
traspasado por la evidencia de tanta lucidez
     /atornillada a las pupilas.

Si tomaste un arma...

Si tomaste un arma
     estás a punto de ser un asesino

Cuando abras la puerta
     tu víctima será cualquiera

En la calle a cada persona
     mirarás como tu enemiga

La mano buscará el metal
     y tu dedo encontrará alivio

Cada bala tiene el rostro de su víctima
     y el destino de un asesino.

La esquina del dominó

Esta es exactamente la esquina
donde jugaban dominó
    y tomaban cerveza
    los domingos por la tarde

Desde mi ventana de niño
miraba cómo se ponían serios
      hablando de política
en medio del doble seis ahorcado
y un intento de trampa que todos vieron

Arreglaban el país quitando ministros
botando al presidente y
    encerrando a los bandidos

Esta es la esquina
    pero ya no queda nadie
uno a uno fueron desapareciendo
solo estoy yo
con el sonido nítido de las fichas en la mesa
y un miedo profundo a mis espaldas.

Vacaciones

A las muñecas de trapo que resignaron sus sueños

Lupe
mejor dicho, Lupita
apenas tiene dos botoncitos
que le sirven para mitigar el hambre

Su vulva de chocolate alimenta a la familia
nadie en casa pregunta por el milagro
que traen sus manos

Ella dejó su muñeca
debajo de la primera cama
donde quedó la niña contando unas monedas.

La prueba

Ahí está todavía
la estrella de los sesos
        en la pared que fue azul

Se dispararía, decía
mostrando al desgaire
        el 38 Smith & Wesson

Únicamente era un cobarde
                /jugando al «Ringo»
como en las vespertinas
del cine de la infancia

¡Y lo hizo!
        de noche
sin fanfarrias ni despedidas
solo el trueno
sin el relámpago de la lluvia

Ahora nadie dice nada
cuando ven la estrella sepia
        en la pared que fue azul.

Mundo en verde

Hoy estoy
       verde árbol
              verde montaña
Bebo clorofila
       de amargo ajenjo
como Hemingway
       antes del tiro

Hoy soy hoja verde
       mezcla de viento y día
       lluvia y relámpago
Te puedo pintar
de verdísimo si me besas
       si me golpeas también

Verde océano
       esmeralda pura
              poesía verde
Huella de los bosques
       y de las selvas
Colgado de la rama
verde Absalón para la lanza
Hoy simplemente verte.

Encuentro con la piedra

Sentado frente a la piedra
miro sus ojos
le enseño yoga para que se relaje
          y aprenda la flor de loto

¡Confiesa que eres mi hermana!, le digo

Cruza las piernas
          levanta las manos
                    baja los párpados
                              concéntrate en mí...

... habla como yo
          piensa como yo
quiero que entiendas
          lo que es querer ser de piedra.

Espiral del asesino

Un hombre toma la vida de otro hombre
y se hace maldito
En sus ojos carga la escena
    que al infinito se repite

No hay narcóticos para el olvido
ríes y allí está
    duermes y te sigue
    despiertas y se levanta contigo

Estás poseído por una deuda
    que no tienes con qué pagar
Debes vivir para morir todos los días
y si vuelves a matar tu pena se duplica

No hay dónde escapar
un grito inocente no tiene límites de tiempo
Ahora sigue que allá te esperas con lo que sabes
y no tengas hijos porque la maldición se repite

Los muertos quizás perdonen
    pero no hay rodillas para uno mismo
La cifra no importa, uno basta
para desatar esta espiral de oscuridad y ruido.

Mi último atavío

Carpintero
    no fabriques aún mi ataúd
    mira que mis pies no regresan
    que estoy lejos de la sombra
    y le quedan juegos a mis días

Carpintero
    olvida en tu memoria la madera
    espera que vuelvan los ojos de buscarme
    cuando veas claveles en mis manos
    sabrás que puedes reiniciar tu tarea.

Los siquiatras solo recetan pastillas

Cada determinado día
el dolor que callamos se desborda

Temblamos y cada poro
        es una flauta rota
la palabra es vana
        la música sorda

El cuerpo se estremece
            /por una fiebre oscura
y sabemos que morimos
porque en soledad se nos va la vida.

La de la cita

Se viste de estrella o serpiente
no tiene problemas con la forma
            porque es como el agua

Duerme callada en la ruleta rusa
brilla en el cuchillo del callejón oscuro
pernocta en el bolsillo de algún poeta
                no habla, no llora ni pide

Viaja en la sangre
camuflada en nuestro sueño
incrustada profunda en el costado
Puede ser inalcanzable
            impermeable a la emoción
Ser beso, suspiro
fría daga, gota silente
espada a la hora de la ira
            de la traición o el fastidio

Se agita en la copa sugestiva
            /de la sed milenaria
que nos legaron los abuelos
            inexorablemente vencidos

Hoy la llevamos en la médula
tiene nuestra cara, nuestra huella
nuestro apellido

Infinita nos trasciende
desde el más acá remoto
al más allá distante
Espiral, elipse, círculo cerrado
¿cuándo? ¿dónde?

Tu memoria en los espejos

Te veo, padre
        inerme a mi caricia

frías las manos
        olvidada la frente

        hijo de lágrima
        palabra última en tus labios

Velo de agua
        brutal de un solo golpe
armadura blanca de enfermería

        en mis dedos de garfio
defendiendo
tu imagen desprendida.

Mi generación

Llegó la noche y nada hicimos
solo intentos desahuciados por los «iluminados»
Golpeamos las puertas que debíamos tocar
esperamos con el sol en los dedos la oportunidad
       y nos devoró el grosero chorizo de los días

Con los ojos en las manos y los oídos desgastados
nos reconocimos excluidos con el ideal podrido en
               /los bolsillos
desde entonces todo fue descenso y caída

Vino la debacle de cancelar los planes
y gritar ante la pira fúnebre de los desengañados
la terrible epidemia contaminando al destetado
la maldita señal que rotula a aquel que aborta
la posibilidad de sobreaguar en este líquido
       que todo lo ensucia, contagia y destruye

Muchos se vendieron en un surtido de precios
varios se embotellaron para no sentir la estocada
            /soledad
otros enloquecieron con la clarividencia de la
            /derrota
algunos se hicieron burócratas para atrincherarse

/tras el «no está» o el «deje su mensaje»
no pocos se ataron a un vicio con la lucidez
/de otra forma de morir

Los que no negociamos con el animal
nos hicimos palabra para vapulear sin compasión
a los que transaron la dignidad
los que se treparon por las camas
a los áulicos que apadrinaron sus miserias

Hoy cargamos versos por recitales
apartando muertos de frente adusta
y hurgando la cabeza de aquellos
que también tengan la marca de la voz
desalentada y el sueño calcinado.

Braun

Un asesino
hace el amor como cualquiera
no esperes que salga sangre
                    /de su sexo

Te ceñirá a placer
            se dejará regar dentro de ti
lo escucharás morir apenas un poco
y en breve volverá a ser el mismo

Entonces sabrás que un asesino
            es solo un hombre más.

Juan Carlos Céspedes Acosta

El tatuaje

El tatuaje no te salva
porque no eres el tigre
        que amenaza desde tu pecho

ni la cobra que se yergue
                desde el brazo

Eres pura carne que se abre
            hueso que se parte

ínfulas de valientes
        ante la pavura del disparo.

Encrucijada

Puedes hacer de tus labios
el jardín que perfuma una parte del mundo
el lugar donde las abejas liben el dulce de tu miel
y polinicen con tus palabras la tierra...

O hacer de tu boca el altar de la muerte
el yunque donde las palabras adquieran
            /el temible filo de la destrucción
el suelo arrasado donde no volverá
                      /a germinar el trigo

Cuando la noche pierda su nombre
        y la mañana encuentre su camino
        conoceré el decreto de tus labios.

Parquenoche

Parque criatura dos cabezas
     ninguna noche de luna
fósforo encendido
cadáver de cigarrillo

techo del árbol con todo y nido
     espía de la niebla y la basura
     música de dientes el frío

Criatura dos cabezas bajo lluvia
con agua espero bajo alar
     reloj descalzo
     mi porción de soledad.

Intersección

La ambulancia sirena la ciudad
pavimento infecto de vehículos la tarde
                          y pasajero de mí
veo discurrir un sol de cabezas la gente

Metálico ramal de semáforo en rojo
                          único árbol de pie
fraude del aire acondicionado
ventana mano desarticulada del hombre

Lluvia que de pronto llega
lava el panorámico del auto
desierta un instante la ciudad
        claroscuro de una moneda la pasión

Demasiado tarde para alguien
cuando de persistir cede la trampa
luz verde, nada cambia, todo sigue
        un carro veloz se come la calle.

Condominio

Uno
     dos
tres
el tipo cuarto piso
gira cintura versus centímetros

Una joven
desde su sexto mundo
      al teléfono grita

Uno
   dos
      tres el ejercicio...

Ella sube a la barda
recibe plena la brisa
      y se entrega al vacío.

Cuida tu espalda

En mi país
los ojos son de lluvia
y los perros beben su sed
      con cuencas homicidas

La gente siembra senderos
de pies, brazos o sus vidas
La siega no tiene notario
      cuando vuelan las esquirlas

En mi país
la noche se llena de agujeros
las personas desaparecen
      y heredan sus cosas al olvido

Seres ya sin luna
aprenden en el río el lenguaje de los peces
Un viaje los lleva a otras orillas
      donde se pudren
En mi país
nos escondemos tras las rejas
      y atrapados por el miedo
entregamos lo que de libertad nos queda

De las calles desaparecieron las ventanas
           las puertas no abren a los gritos
Uno se muere manchando la acera
               solo y sin testigo

En mi país
las muñecas quedan huérfanas
El bautizo y la mayoría de edad
            lo propina la esquina
En mi país no se puede acampar
la muerte conoce los caminos

Nadie se sentará con sus cuentos
             al fuego y los amigos
ni evocará de noche los mitos
porque menos la vida todo tiene señorío

Escribo desde un país en guerra
          donde cada día algo muero
hasta que solo queden los deudos
con las ropas tiznadas
             /para que al fin me crean

En mi país
puedes estar muerto sin saberlo
solo te enteras cuando veas
        tu sangre por el piso

En mi país uno se muere de cualquiera.

El francotirador

Siempre recuerdo el primer disparo
                    /justo en la frente
desde entonces en mi alma vive la muerte

Noches de insomnio
drogas para calmar la vorágine de nervios
aunque ya no importa

He asesinado sombras
          por pasión o dinero
es como ser un dios
o ángel exterminador

Tengo el rifle en mi hombro
             observo a alguien por la mirilla
no es mi objetivo, pero igual lo tengo
¡Sería tan elemental!

Hoy lo dejo ir
y me quedo con parte de su vida

Profesional, me dicen
solo soy un tahúr
    que me rifo en cada detonación

Ellos mueren una vez
yo me hundo con ellos todos los días

¡Ahora te tengo a ti en la mira
      y mi dedo no tiembla!

Del abandonado

... como la pluma
que se cae de un pájaro en la noche.
Vicente Huidobro

Han pasado los días
            y la noche
es un hueco doloroso

miro el reloj y pienso:

si no hay nadie esperando
        ¡nunca más será tarde!

Los leprosos

Nadie puede con tanta soledad
Ninguno puede vivir a esa distancia asimilada
Donde solo entra la mano compasiva
La caricia un imposible agazapado en la memoria

No recordar dónde fueron quedando las esquirlas
En qué tierra se sembraron las migas de los dedos
Aprender de golpe el asco en el lenguaje
                                        /de los ojos
No saber dónde va a quedar la próxima huella
Ir muriendo y ser testigo principal de ello

Anclarse en un pasado para ordeñar de los
recuerdos un poco de leche de lo vivido
Para cicatrizar la doble herida de la vida y
                                        /de la muerte
No existe la simpleza olvidada del beso
Ni la mínima forma de amar recostado al pecho

Todo se va en soledades de piedra y hierro
Y el inventario de la carne siempre en quiebra
Condena al cuarto apestado solo sufrido
                                        /por los muertos.

Juan Carlos Céspedes Acosta

La lucidez del enterrador

El cementerio
es esta ciudad de tumbas abiertas
        /para que salgan sus muertos

En la mañana las flores apuestan su perfume
entonces los niños juegan con sus cráneos
            /al trueque melancólico de la carne

Nadie se fía ni presta para llorar
los responsos se importan de Suiza
            /en doradas cajas de chocolate

Cada nacimiento una muerte y el epitafio
                /bautizo de cruz al sur

No hay puente para salir
            toda calle es hacia adentro
y en el centro grita profundo la oscuridad
la luna se asoma buscando al valiente
            /que se entere de la vida

Algunos intentaron huir contra los caminos
            pero el cementerio los atrapó
con sus manos de ortigas.

El legado

¡Oh libélula
    que me dejaste la tarea
    de la cópula en el aire!

¿Qué hago con esta mariposa
    muerta entre mis manos?

Juan Carlos Céspedes Acosta

Quid

En algún lugar
se encuentra la gran lucidez

Solo hay que alterar
el orden armado por los siglos

y con ojos en las manos
¡dar el golpe!

Manual del relojero

Antes de activar el reloj
    confirma primero que estás vivo

Segundo, aprende a no encariñarte
con el mecanismo
    te podrías romper en un instante
    y no hay manual para la ruina

Por último
    aunque sigas las instrucciones
    nunca resolverás el acertijo.

Mujer con sutura

Llega como si nada
ellos no notarán que tu cuerpo
                    /no tiene alas

y si preguntan por la sangre en tus labios
          responde que fue una apuesta perdida

En cuanto a la cicatriz de tu espalda
          di que te cansaste de ser un ángel.

Fugacidad

Tarde de golondrinas
        que tizan fugaces el aire
parpadeo del adiós
pluma solitaria en mis manos

Quién de mí, golondrinas
        suyo de paso en su vida
cerrar los ojos y no ser
        siquiera el mínimo olvido.

Satori

Ojos cerrados frente a la vida
y no ves nada
     lo ignoras todo
          simple respirar de piedra

Imitas lecciones recibidas:
uno más en la ecuación universal
           /del uno menos

¡Un animal en la penumbra de los tiempos!

Una noche arranqué mis ojos
me desprendí la carne y hallé un ser de luz
con la mirada vuelta hacia adentro.

El encuentro

¿Quién llevó a la orilla
el bote de juncos que me trajo?
¿También vendrá a buscarme
        cuando apure la vida?

Fui traído y seré llevado
¿o será mi propia mano compasiva?
¿Dónde estaban mis ojos
que no vieron la mano que me soltaba
        como trigo para cultivo?

¿Estaré despierto a la hora de la siega?
Ya conoceré el misterio de la mano revelada
le mostraré entonces la cosecha de versos
        y mi alforja vacía.

Un puñado de mundo

Pastillas
muchas pastillas
y un vaso de agua en la mesa...
un puñado, un gran puñado
parecido al mundo
para tragar, para partir
y dañar el teléfono
        y caer, dormido caer...

no salgas...
vete al parque...
niño gira el arco
        tira a la luna
lápiz, lapicero
espiral. dolor, vete, dolor...

¡Papá, no dispares!

Un hombre baja de la cama
No griten, no griten... basta...
¿Dónde estará mi cuerpo?..
te-lé-fo-no...
dónde, dónde...

En el fondo

¿Piensas subir?

Debes saber que en el borde
pisan los dedos
      orinan la cara

Toma tu manga y seca las aguas
ellas no conmueven ni escalan

Hunde tus manos en el barro y sube
no importa que ante sus ojos
      crean que te arrastras

Cuando miren de nuevo
      ya irás lejos.

Juan Carlos Céspedes Acosta

El cisma de los perros

Dos perros se atacan por mis huesos
se devoran uno al otro y se vomitan

no son negros
      no son blancos
y sin embargo
      son negros y son blancos

Dos perros siempre diente
siempre muerte, siempre vida
se esperan
      se maldicen
            se necesitan...

Son uno que se matan
      son dos que se viven

Siempre los perros, siempre...

Volver al útero

Quizás me acuerde y vuelva a ser árbol
     inmenso árbol de sombra amplia
o simple fruto mecido por la brisa

Regresaré al pájaro que vuela la tarde
     con plumas de sol y una brizna en el pico
al nido donde mi compañera aguarda

Quizás decida ser el toro que embiste
          /los visajes de la noche
ser el agua y viajar sin visa por la tierra
y acuñar la geografía con mi paso incansable
          /camino al mar

Sea lo que quiera menos hombre
capaz de mucha ciencia en olvido
     /a lo que somos

Hoy renuncio a destruirnos...

Eternidad

No tengo prisa por la eternidad
                sé que ella me espera
silente y camuflada en mis huesos
desde siempre
                mucho antes de esta voz
desde la piel desgarrada de mi madre
fijó la cita para la hora del párpado
                                /vencido.

Las doce de la lluvia

Llueve adentro y fuera
        manos cuarteadas de intemperie

Si supieran cómo duele el frío de la lluvia
cuando el viento cruza apuestas en la noche
y apenas nada llevas a casa

Si supieran cómo duelen las doce campanadas
sin haber sustraído un trigo

Líquido de faroles colectivos
truhando las migajas que dejan los ladrones

Que eres lluvia, creerían
y cambias tu ropa mojada y vuelves a la calle
Qué certeza te obliga a seguir tras lo derruido
para tributarle palabras a tu nombre

Lluvia, quién de mí conociera como tú.

Luna visitando una ventana

¡Hay algo inocente en la luna!

Pasa la historia
pasa el hombre
y ella sigue iluminando
          los caminos

Esta noche mientras brilla
sigue el hombre
         sigue la historia

y dentro de mucho tiempo
alguien más sucumbirá
        a su delirio.

Proselitismo

Ten cuidado
el criminal gusta del poder
   y tu mano es el camino

Arriba busca impunidad
donde es fácil mover la tierra
y sepultar la muerte con olvido

La próxima vez
revisa las líneas de las manos
quizás veas trepando a un asesino.

Mano-luna mano-noche

Mano noche, Lenis Valiente
ciudad que no te pertenece
has visto fronteras que se cierran
/a tus pies

Mano luna, Lenis Valiente
has visto cómo evitan el saludo
efecto de klan en sus caras
ley maldita escrita en la piel para los ojos
y son buenos hijos, buenos padres
y pésimos semejantes
pero saben de heredar el odio y
destruir los pocos puentes
que aún nos quedan

No puedes entrar a sus casas
/Lenis Valiente
tú eres el lado sombreado de la calle
y ellos son todavía látigo en la espalda

Sabes que podríamos ir a cualquier parte
pero hay segregación en el aire

Los has escuchado hablando de la dermis
la doblez de las palabras
sus clubes de blancos, sus escuelas de leche

Lenis Valiente
de aquí no podemos pasar
es de noche, somos la noche
sobre nosotros gravita una luna
            y llevamos la oscuridad
bien apretada en los dientes

No expliques, no pidas
            solo camina
hemos descubierto por dónde
se rompe la luna.

Testimonio siglo XXI

Me bañaré en la lluvia
    que aún no tiene precio
Dejaré que la brisa juegue mi ropa
    cuando todavía no tiene dueño

Miraré los ojos profundos del niño
    iluminados por la inocencia

Besaré tus labios de mujer
    ahora que tu boca te pertenece

Seré testigo del sol
cruzaré la calle
meteré los pies en el río
comeré la fruta del árbol
antes de que lleguen los dueños
    que todo lo compran
    que todo lo pueden

y lanzaré lejos estas palabras
para que no las destruyan
y sepan los que vendrán después
    que un día fuimos libres.

Ecuación tercermundista

Mesa de cuatro en un tres y uno
en donde uno versa plata
        y tres se juegan la comida

El uno que quiere cuerpo
        y dos y tres y cuatro
derraman miel sin ganas
con artes de este mundo

Uno saca cuentas
de los otros tres ángulos de la mesa
y dos asegura con su sexo la cena
                de tres y cuatro

En una esquina uno se queda
        con dos a lamerse a gritos

mientras tres y cuatro se alejan
estómago arriba
        hasta el próximo padrino.

Maquila

¡En mi camisa un niño grita!

Su padre azota el sol
con la espalda

la madre lava
del capataz su cuerpo

abuelo se agita vencido
en sus cenizas

mientras una abuela
en lepra se derrite

¡En la noche de mi cuarto
una camisa grita que la rompa!

Cinco minutos...

Cinco minutos nos dieron, solo cinco
para descargar en ráfagas
toda esta hecatombe
              desde adentro

No di mi nombre
ni mis señas
perdería tiempo
y ya las fieras del contagio
              salían por mi boca

Nada más en abrir el libro
con manos temblorosas
me hurté treinta segundos

Destilo en mis palabras
—que también son vuestras—
esa basura recogida por mis pasos

Suelto poesía en bla y otros blas
           que jamás podrán capturar
lo que llevo dentro
y un «gracias» final de lo más absurdo.

Juan Carlos Céspedes Acosta

Los perros del miedo

Los perros huelen el miedo
lo sienten
      lo viven
         lo callan

Los caminos solos
una que otra sombra
     corta el vacío de las piedras

Los perros te miran
no te ladran
saben que algunos de ellos
     murieron por menos

Se apartan
tienen prohibido olfatear
     bajan la cabeza
     esconden el rabo

Ellos lo saben
cargan el virus del silencio
en este pueblo
     nadie ha visto nada.

Sociales

Vivo en un desierto de puertas cerradas
        con inquilinos de podrida soledad
encostalados de misterios aburridos
atrapados por sus cortinas clausuradas

Calle sola de autos
        prosperidad de hipoteca
        cartera de almidón
        apariciones de entrada y salida
catacumbas de los niños
miradas castradas al asombro
                /que trae el día

Vivo en una calle que despierta
                /en el silencio de sus gritos
presidiarios que marchan al conteo
                /impune de las oficinas

Soy un vecino caminando con cuidado
                    /entre sus tumbas
para no despertarlos de la cobardía.

Poema para ser mordido por un tigre

Me bajo en estación Precipicio
donde la madera muerde
y los sombreros cambian de cabeza

Camino calles con piel estallada
y un tigre bilioso rastrea mi calzado
No hay vacunas para la poesía, tengo neuralgias
de libertad y un beso me persigue

El viento toca un chelo y otro recita a
Shakespeare relegado
Desde una casa un café me llama
y olvido que no fumo

Mis ojos se quedaron
en los lentes del último libro
así me presto las manos
para elaborar una estrella
en la primera ventana que me grite

En prisión desayuné medias, un par de bofetadas
y el típico acoso de identidad
Estoy aquí, Precipicio, he venido a quedarme
¿Qué más tienes conmigo?

Básico

Diez años para que ladre este cuervo y solo mira
mis labios en clase de jaula, plena mañana de
soles traicionados
—Toma la comida y repite lo que digo

Diez años de alas estropeadas
          entre alambres de cárcel
—Remacha conmigo y te salvas, o te tuerzo el
pescuezo, perro de la tarde, cuervo mío

Diez años escupiendo sílabas
          en tu agua de pájaro inútil
perdiendo las plumas negras que hacen la noche
—Hoy abriré tu encierro y por Dios que ladrarás.

El envenenador

Lo he visto
maldito entre los hombres
      mirada de odio:
todos pagarían
por cada derrota en su vida
cada abandono
cada homilía entre violación
        /y olvido

Lo he escuchado maldecir
contaminar el agua
marchitar la hierba
     escupir las manos
podrir los círculos

Lo he visto instituir
canon de juez y verdugo
dedo inquisidor:
iba matando enemigos
     mientras la luna le huía

Una tarde probó de sus palabras
     y cayó abatido de sí mismo.

¡Por aquí pasaron!

Cayó el primero...
        no dijimos nada

Después dos y tres...
        el mismo silencio
        la misma cobardía

Luego el cuarto, el quinto...
        cerramos los ojos

En seguida fueron decenas...
        la licencia incendió el país

Vinieron los cientos...
        cualquiera alzaba su mano
y erigía un mundo de cuerpos destrozados

Cuando contamos los miles
era tan propio pensar en otro asunto

Hoy sabemos que en los diarios
        ya no caben los muertos.

El duelo de los tiempos

Hierve la calle
la multitud grita
dos hombres se baten a cuchillo

En la acera
              los nerones de siempre
incitan a los próximos asesinos

Nadie sabe el motivo
pero los aceros brillan de sangre
y mediodía

Saltan, hieren, se insultan...
Las pupilas de los ciudadanos encendidas
pulgar abajo del eterno circo romano
              solo cambian las armas
es el mismo rayo cruzando la historia
el mismo hombre matando, matando...

Un cuchillo entra profundo
              la gente huye inocente...

Viajante

Uno puede morir de soledad
    en una cama de hotel

donde las paredes se achican o alejan
      en la medida de las tristezas

Acaso el televisor
nos converse un poco
     sin escuchar nuestra angustia

Pero estás solo con el mundo
rodeado de objetos insensibles
    inamovibles para salvarte
a merced del destierro
      /cómplice de la muerte

Los ojos quedarán fijos
en el blanco inútil del cielorraso
en espera de la fortuita mano
      que los cierre.

Dimensiones

1

Yo, poeta
   y la soledad

2

Yo, palabra
   la soledad mía en los demás

3

Yo, escritor
   la soledad de los demás en mí
   y la perspectiva deriva a más soledad

4

Yo, mortal
   pleno círculo de soledad
   vacío de los demás me hago deseo

5

Yo, hombre
   en el grito, implosión del círculo
         y la nada.

La lucidez del espejo

Si quiebro el espejo
        cada fragmento reflejaría
        un ángulo de la tierra

Yo habitaría cualquiera
        de esos lugares reflejados

¿Quién podría decir
        que cada pedazo roto
        soy yo mismo destrozado?

Miro los vidrios
y me puedo ver tal cual soy
        los muchos que nadie conoce
        los mismos que ignoro adrede
        para no pensar, no sentir...

El espejo en mi mano
        es tan cómodo ver
        la sola cara que me engaña.

Juan Carlos Céspedes Acosta

El abismo

El abismo son mis pies que cruzan
                los puentes destruidos
el vértigo de la venda con la que camino
sobre vidrios de la última batalla del día

El temor heredado y multiplicado
                    para quien me siga
el miedo de llegar a la próxima esquina
donde algo torvo espera por mi cuello

Soy los brazos de este Ícaro obligado
a lanzarse de cabeza con las alas podridas
sabiendo que el vacío tiene mi nombre

¡¿Y si no yo?!, ¿quién desatará las agonías
de todas las mañanas de desarmar
            lo que los demás han hecho de mí?

Salto al vacío y muero una vez más
para tener el valor de reconstruirme
contra las apuestas y ser el hombre
            que sobrevive un día más.

La feria del hierro

La calle sola
autos yantándose el poco espacio
        cemento inmune al pie descalzo
        a la pelota que corre
        a la niña saltando la cuerda

Todo es rejas y puertas
reos y carceleras de sí mismas las sombras
                        fugaces se escurren
antes de que un saludo las evidencie

Ruidos
uno, dos tipos armados, par de segundos
        se llevan lo comprado con sudor
        o esquilmado al semejante

Calle solitaria
hierro de una feria necia que arde

Por las mañanas
las sombras salen por más
        y no es de extrañar
que haya una persona menos
y en un carro de más los niños se pierden.

Lucidez del contaminado

Lucidez, cruel enfermedad
que arrancas los párpados y erradicas los sueños
ojos despavoridos
       sin las balsámicas zonas grises de la vida

Irremediable soledad
      en un mundo blanco y negro
Lucidez contaminada, que viene de los siglos
      legado de exiliados arrojados al vacío

Maldición de los sentidos
imposible ingenuidad para seguir, para reír
      el velo descorrido de la razón plena

Qué se hizo el refugio de la oscuridad
el remanso necesario para dormir, para morir
        aunque sea un día, una hora...

Aquí sigo, lucidez
esclavo de estos ojos demasiado abiertos
sin posibilidad de mirar a otra parte y escapar
y no ver y dejar que el engaño, tan humano
      me haga feliz como árbol bajo la lluvia

Bendita lucidez
     llévate tus ojos, regrésame la noche
     de mis párpados compasivos.

Poema bursátil

En mi ciudad se sigue vendiendo el oro
pero en las calles
       sin anillos los dedos
       sin pulseras los brazos
       sin cadenas los cuellos

Bendita democracia de ladrones
oro entre las ropas, en cajas fuertes
       oro pudriendo /los espacios

Precio a cúspide la compra
en picada la demanda
       puro oro de poder
       de tierra arrasada

¿Quién será el próximo comprador?
       ¿el siguiente traspasado?

En las calles
los ladrones imponen la igualdad
y el sol sigue brillando su dorado metal

En la bolsa de valores se ha secado un río
una montaña tirada abajo
       —¡el imperio de los imbéciles
       convertirá el oro en agua!

Juan Carlos Céspedes Acosta

El otro que soy

Mi hermano tocó la puerta
       al acercarme al vidrio
       vi en sus ojos que no era él
era otro dominado por la fiera
que rompe la sangre y nos separa

Mi hermano tocó de nuevo
        y no le abrí
¡vi en sus ojos el crimen!
Le hice señas con la mano
        /que se fuera

Mi hermano tocó la puerta
a grito y lágrima, pero no le abrí

De pronto un aullido,
       abro la puerta

mi hermano vio en mí
      su rostro criminal y huyó.

Legado

El poeta canta en el desierto
su voz levanta hombres
       de las arenas silenciosas

multitudes que se hacen nubes
y devienen en lluvias sobre la tierra
       crece la vida en los prados
        caen las flores y semillas

van al río como palabras caudalosas
       y ese canto se hace océano
agua viajera a los pies
       de los desconocidos
que nunca pensó impactar con su verso

El poeta canta, sabe que la poesía
       nunca regresa sola.

Función para una silla vacía

Mi estatura tiene el fundamento de la tierra
                fluye natural como el agua
me permite alcanzar los frutos
que no han sido picados por los pájaros

Puedo mirar la luna desde mi altura
no sería lo mismo
si trepara en hombros de los muertos

Me gusta ver crecer mis pies
alejarme del suelo con mi propia angustia
construir la escalera a lo alto con mis manos
¡Qué dulce me sabe el resultado!

Mimesis

Un pie fuera de la cama
la voz dice:
        debes nombrarlo todo
darle identidad a tu universo

Inquiero a la mañana
                nada responde
quedo en suspenso
recuerdo con insistencia la voz...

Decido que en mi mundo
        las cosas necesitan renombrarse
        que tengan un nuevo sentido

Entro en el papel
disemino palabras en una alquimia
                        de ser y sangre

Alzo las manos
las cosas se reacomodan
        y cobran de nuevo vida.

Juan Carlos Céspedes Acosta

El vidente

> *"El poeta no sabe que sabe"*
> Antonio Gamoneda

El poeta no sabe que sabe
   invidente va por la vida
con su báculo florecido de voces
y un signo indescifrable en la frente

El poeta no sabe
     que sabe lo que busca
     lo que descubre

profana piedras sin cuidarse de los bordes
     destruye con su paso paradigmas
y lo insultan porque sus huellas alucinadas
     sacan a la luz los crímenes ocultos

EL poeta cree que no sabe
cuando saca con sus manos
     fuego al precipicio
cuando esculpe con el filo de su verbo
el silencio más escondido.

Encrucijada

Puedes hacer de tu lengua
jardín que perfuma una parte del mudo
el lugar donde las abejas
      liben el dulce de tu miel
y polinicen con tus voces la tierra

o hacer de tu boca altar de la muerte
yunque donde las palabras adquieran
      el temible filo de la destrucción
la tierra arrasada donde no volverá
      /a germinar el trigo

Cuando la noche no tenga nombre
     y la mañana encuentre su senda
conoceremos la decisión de tus labios.

Juan Carlos Céspedes Acosta

El bar

Cinco soledades
        hacen el quite a la vida
con el antiguo arte del vino

En una pista mal iluminada
        Janís oferta su cuerpo al fastidio
Mientras se escucha un son
uno de los esteparios
        tramado por su mar de caderas
hace trato y los dos
se pierden en la oscuridad

Prendo un cigarrillo
sacudo las penas y pido otra de licor
Yanís regresa desamparada
con otra tristeza en su exilio

Sigue la música
el barman languidece en la barra
Yanís baila, su excliente duerme
                /en una habitación
Todo da vueltas
recojo mi derrota de hoy
        y la guardo en la cartera

Me marcho con la mirada de Janís
la propina y «vuelva usted muy pronto»
A mi espalda se cierra la cantina.

Poema para desterrar el olvido

Entraron a la ciudad los fusiles
        daban órdenes con plomo de grito
        dividían a las personas:
                        usted allá, párese acá...
Iban por las notarías
        cambiaron el nombre de las cosas
        alteraron los linderos
                /de los campos de cultivos

Los rifles hablaban y hablaban
la plaza la agujerearon de obituarios
    las fronteras se cerraron al exilio

La lengua cambió de idioma
                las palabras de sentido
todo es silencio cuando pasan
                /adustos los fusiles
y hay temor hasta de los amigos
        de las sombras que todo ven
        de las paredes que escuchan

¡Silencio!, ahí vienen los fusiles
guardo en mi boca este poema
        alzo mi mano, cruzo los dedos
        quizás algún día alguien lo lea

Pasan los fusiles,
¡toma!, ahora te entrego
    /a ti este papelito.

Escena en una iglesia

En agua cristalina
    Pilatos lava sus manos
con cuchillo cortan
    las amarras de Barrabás
el otro aguarda
    a que cumplan su condena

Pilatos da la espalda
    y huye hacia la historia
Barrabas, libre para siempre
    escapa por una fisura de la biblia
al otro aún lo siguen crucificando

mientras en el lavatorio
el agua ensangrentada
    /refleja mi rostro.

Poema con árnica

Los he visto pasear muy señores
y dicen que salieron dignos de donde sepultaron
/la raíz de sus ombligos
Algunos saquearon pueblos
y se hicieron egregios de vacunos

Se les veía en calles principales
a caballo de paso fino
Otros heredaron el hurto de sus padres
arte de rodar cercas, desviar los ríos
y llevar el interés de los pesos
/al ciento por cumbres

Los he visto clubes
inventar abuelos industriales
dorar sus trampas
y limpiar de impurezas el apellido

Ladrones enriquecidos una mañana
con el timo de las elecciones
y a casa se llevan las partidas de la leche
el pan y los pupitres

Hincan diente en las nóminas,
devoran hombres
y nombran a serviles para el *fifty*

Juan Carlos Céspedes Acosta

Mi país de ladrones
de inconclusos, marasmo y podredumbre
vulgares altaneros por los sitios
                    cínicos impunes
con muertos de las clínicas en los bolsillos

En carros blindados tienen miedo que los maten
y les abren camino
los mismos que deberían atraparlos.

Gana la casa

Llega la noche
y el poeta apuesta
          contra nada su vida

Descubre una moneda
con dos caras
          allí donde pidió cruz

Termina la noche
y el poeta se marcha
          vaciado de sí mismo

Mañana por un poema
sigue el juego, sigue la vida
hasta que el poeta
                    no pueda más.

Vértigo

Noche clavada en el rostro
brisa al nivel de mi cara
          y el salto doloroso
amarrado a los zapatos.

Propuesta para apagar una lámpara

... tu nombre es apenas
un poco de tinta que deshace la lluvia
                    Héctor Rojas Herazo

Los días los apuro
        para ir desapareciendo
        grano a grano
        la espiga de oro

        hasta que no quede nada
solo los ojos tercos
que alguien se apiadará
en cerrar.

Juan Carlos Céspedes Acosta

Sea así

Una noche
      perderé la voz
nadie escuchará mis cenizas

y mi nombre se desprenderá
como hoja seca
      de la memoria.

Palabras también para olvidar

Aunque a veces vivo
            como si no te sintiera
tu nombre
está hundido en mi costado

La nostalgia te regresa
memoria incisiva que punza
            y de nuevo dueles

A gritos bailo
canto mi dolor por dentro
pero toca seguir mi paso
            hacia tu olvido.

¡Atención, firmes!

El soldado es
como un arma de juguete

que marcha
con su aceitado mecanismo

cara rígida y ausente
en la cabeza un arsenal
                    /de órdenes

Solo espera la voz
que lo active contra cualquiera
mientras tanto marcha
                    marcha y espera...

¡A discreción, atención firmes!

El trompetista

Una trompeta
          en la plaza solitaria
suelta un chorro de notas
que salen como gorriones
de una jaula

Toca en esta plaza
donde la gente aligera el paso
          cuando derrumba la tarde

Mira el sombrero
sin monedas ni saludos
y le dedica un tedeum
          a su soledad.

Otro vuelo

Si no canto
el cielo se cae de mis ojos
        y el mar me ahogaría

Soy dolor
hecho añicos desde adentro
el poema de suturas
en cada grito de mi soledad

Te canto, vida
te celebro con mi piel abierta
con lo que queda de corazón

Hoy te suelto, poema
busca otros brazos donde abrevar
de este poeta ya no hay más.

Instante

Momento supremo
      donde se juega la vida

Espera, esperaba...

Se ha ido con su carga de posibilidades
y una suma de lo que se pudo hacer

      pero queda como siempre
la bosta de lo no decidido
que al decir de Kierkegaard
        es decisión también

Otro viene como la ola
y otro
y otro
      y decimos «sí»
      y decimos «no»
hasta agotar la última hora
cuando se nos rompe la vida.

Juan Carlos Céspedes Acosta

El beso

Un Judas nos habita
siempre tasando las treinta piezas

     busca un rostro al que vender
por el placer de la traición

y liberarnos
     de nosotros mismos
antes de que alguien
nos venda a su vez.

Por los estratos

Una mesa
    con platos en duelo
donde las moscas
    exploran el vacío

En la pared
    un Sagrado Corazón
pide con angustia
«el pan nuestro de cada día».

Cuando lloran los muertos

Tienen memoria de hierro
y una cicatriz
que cobra vida por las noches

Al llegar la penumbra
cada guerra los retoma
          inequívoca y cruenta
en ocasión de las manos

Se fuga la noche
          y siguen inmóviles
contando en sus huesos
la historia del hombre.

Blues de la tarde

Llegas al paradero
   el bus pasó hace dos minutos
Revisas las monedas
   justo la ida, volver un albur

Poesía, piensas
es no tener completo el pasaje
Estás solo
eres el único pasajero de la tarde

Llega otro hombre
   manos en los bolsillos
Pronto aparecerá el bus
Se miran, desconfían
    y tienen razón

El tipo se aleja
—ia mucha gente no le gusta la poesía
    y no saben que la circundan!

Te aviva la bocina del autobús
subes y pagas
   el otro es un árbol adusto
Dudas si la poesía eres tú que vas
o el que se quedó con su miedo.

Ambición

Los señores huelen a colonia fina
y muy elegantes se sienten dueños de esta tierra
toman whiskie sello azul
de esos que cada trago es un jornal de obrero

Escuchan música de Bach en el estéreo
entre tanto hablan de salvarnos
aunque cueste algunos muertos

Estos caballeros educados
                    en prestigiosas universidades
que a veces tocan el piano por las noches
ya decidieron lo que harán con nosotros

Firman algunos cheques en aras de la patria
si miras sus manos las tienen limpias y arregladas
Mañana, Dios mediante, tendremos nuevo
                                    /presidente.

Visión

Mientras duermes
las piedras crecen y sus aristas
                escriben la noche

En la mañana te despertará
                la nueva historia
los antepasados regresaron
a vengar sus muertos

Esta noche
la ciudad no duerme
el miedo se trepa a los ojos

Todos miran las piedras
        y cuidan sus cuellos
Sin explicación alguna
        ellas siguen creciendo
y los muertos van bajando
        los párpados poco a poco.

Juan Carlos Céspedes Acosta

Amor eterno

Nuestro
       «para siempre»

la hora de hotel
donde partimos en pedazos

lo que nos ha crecido
el amor.

En el principio

A Enoe, primicia de mis revelaciones

Mamá me beso
        la primera palabra

y desde entonces

cada palabra de un poema
es la multiplicación
        de aquel instante.

Juan Carlos Céspedes Acosta

Si mi palabra fuera...

Si mi palabra fuera
como un disparo a medianoche
que despertara a quien no sueña

y lo hiciera levantarse
a buscar cualquier herida
          y sepa que él mismo
es una de las heridas del mundo

        yo me daría por bien servido
con un solo poema que lograse esto.

Borgiana

Ya ciego
miro en el espejo
        mi laberinto
y por primera vez
puedo encontrarme
en la oscuridad.

Minuto de silencio

Una bandera latiga la tarde
de sus franjas símbolos colores
escurren chicos reventados

Guardo silencio
sé que la historia no tiene dientes
y sé que alguien por ella muerde

Pero los muertos vuelven
y escogen su nueva lengua...
El viento aúlla, el asta tiembla.

Una pregunta

Me miró con su carga de vida
y tasó el valor de mi ropa, de mi calzado...
No me creí menos
era el hombre de siempre
      el poeta que busca el camino

Me compadecí de su alma rota
de su humanidad destruida
del peso mercantil que lo agobiaba
Lo miré de frente
          con estos ojos órficos
conocedores de la palabra profunda
Su cuerpo se tensó al sentirse desnudo

No me sentí segregado, imposible
mi alma estaba intacta
él se discriminaba como hombre
como miembro de esta tribu de la tierra

Me alejé sin precio
—como deben ser las personas—
más humano que nunca

Atrás un ser se derretía por dentro.

Colección
Sembremos Arte

Fundación Grainart

Desde la Editorial

Una colección de libros tiene la importancia de manifestar por parte de los editores, un esquema organizativo de selección con destino a un público lector que confía en la seriedad y reconocimiento

Con ese objetivo, Ediciones Grainart de la ciudad de Cali se complace en presentar la Colección "Sembremos Arte", que cuenta con un escogido grupo de autores tanto nacionales como internacionales cuya meta es compartir la cultura con temáticas y estilísticas variadas.

Pero más que una apuesta editorial, es una confirmación sentida para que los lectores conozcan a este grupo de cultores quienes desde sus letras contribuyen en el desarrollo personal, comunitario y cultural.

Las voces que se presentan en esta colección, les ofrecerán un alto nivel literario, pues han asumido a través de los años, el reto de posesionar la palabra como forma de existencia, aporte a su entorno y dinámica de vida.

La idea de esta colección nació en mayo del 2020 y después de un esfuerzo que desafía los tiempos de pandemia y el entorno difícil de nuestra sociedad, en marzo del 2021 pudimos lanzar el primer número de la colección pues confiamos que la creación literaria debe permanecer siempre inquebrantable, paseándose por las páginas de la historia y colmándola de motivos para resistir y persistir.

Como saben la Editorial y la colección Sembremos Arte, hacen parte de la Fundación Grainart, que ha compartido desde sus talleres literarios libros de diversos autores en gran parte del territorio nacional. Gracias a eso, continua abanderando su lema "Semilla para el arte", en colegios, bibliotecas, centros culturales; así como al público que asiste a los encuentros.
Ahora nos enorgullecemos de poder compartir y dejar en buenas manos, esta colección que es un consolidado aporte a la cultura y a la comunidad.

Agradecemos el apoyo de los artistas plásticos Carlos Humberto Murillo y Fabian Paz quienes nos permitieron usar sus obras para las portadas de la Colección Sembremos Arte.

Muchas gracias a todos los escritores por confiar en nuestra labor y permitirnos plasmar sus versos en esta colección. Hoy se lanza este libro **La lucidez del contaminado** del escritor, poeta y gestor cultural Juan Carlos Céspedes Acosta, quien ha contribuido en nuestros talleres literarios, dirigido las Lecturas Urgentes de Poesía Bolívar, con el único fin de hacer su aporte a la cultura.

Muchas gracias a ustedes amigos lectores, a la familia Grainart y a la fe que nos sostiene, pues nos permite seguir aquí, para rendir con acciones el testimonio de nuestras convicciones, presentando esta colección que nace de la esperanza, el respeto y la admiración por la literatura.

Mónica Patricia Ossa Grain
Cali - Colombia

Índice

www.ingramcontent.com/pod-product-compliance
Lightning Source LLC
Chambersburg PA
CBHW020534160726
47992CB00005BA/2383